Lyrik-Lesung 4

Lyrik-Lesung 4

Dichterstuben
Eine Auswahl

von Helmut Barthel

im Kulturcafé Komm du
am 4. Dezember 2013

Helmut Barthel, »Lyrik-Lesung 4«
© Helmut Barthel
Alle Rechte vorbehalten

Rechte für diese Ausgabe:
MA-Verlag, Stelle-Wittenwurth
ma-verlag@gmx.de
2. Auflage 2016

Satz, Layout und Umschlaggestaltung:
MA-Verlag
Bildnachweis: © MA-Verlag

ISBN 978-3-925718-32-8

Er lauscht dem Wind die Gesichter ab,
um danach mit ihnen zu sprechen.

Inhalt

Aphorismen

Wunschgedichte

Post am Pol

Schon vor der Schule hatte ich
zum Südpol einen Briefkontakt
mit Pingi, ich erinner' mich,
es war ein echter Kinderpakt.

Zuerst durft' ich ihm Bilder malen
auf Briefpapier und Karten,
schon bald dann auch die ersten Zahlen
und Früchte aus dem Garten.

Oft, da bekam ich Post zurück
mit Federwasserzeichen,
und Mutter las sie vor, zum Glück,
das mußte für mich reichen.

Doch gleich mit meinem Schulbeginn
wollt' ich mich nicht mehr mühen,
das Schreiben fraß den Malbriefsinn
und sein geheimes Glühen.

Im Jahre zwölf hab' ich zuletzt,
wohl um die Kindheit zu sortieren,
noch einmal eines aufgesetzt,
ein Schreiben zu den Südpoltieren.

Retour und unbekannt verzogen
kam 's spät und unversehrt zurück.
Die Post hat sicher nicht gelogen,
doch auch die Mutter nicht, zum Glück.

(15. März 2009)

Schnee

Warten auf den ersten Schnee,
wenn ich voller Sehnen
in die grauen Wolken seh',
die sich vor mir dehnen.

Warten kann ich deshalb gut,
weil ich satt bin und auch träge,
wie's der volle Tropfen tut
auf des Wasserflusses Wege.

Voll und satt läßt es sich warten,
auf das weiße Weihnachtsfest,
das auf viele süße Arten
uns're Bäuche schwellen läßt.

Leiden, hungern oder frieren
in derselben Weihnachtszeit
und den letzten Mut verlieren,
das erscheint unendlich weit.

Es sei, daß ich nicht weiter warte,
wenn ich in die Wolken schau'
und der alten, faulen Schwarte
auf die fetten Borsten hau'.

Könnte sein, daß ich dann seh',
was die Wolken wirklich bringen,
Hunger, Kälte mit dem Schnee,
Hände, die um Hilfe ringen.

(13. Dezember 1999)

Apfelschaum

Apfelbaum und Apfelkuchen
müssen sich zusammensuchen,

über Netz und Korb und Leiter
geht 's zuerst zur Küche weiter.

Dort, geschnipselt und geschält,
wird die Frucht in Form gequält.

Ein gut Teil frißt der Entsafter,
viele Flaschenstunden schafft er.

Apfelscheiben, nicht zuletzt,
werden auf den Teig gesetzt

und wenn die im Ofen lagen,
geht 's erst weiter auf den Tisch
und von da aus in den Magen,
übern Gaumen, warm und frisch.

(26. August 2007)

Das kalte Dach

Ich hab' es nicht gefunden,
das Plätzchen, das ich such',
mir folgt seit vielen Stunden
der Obdachlosenfluch.

Will ich mich doch nur schützen
vor Wind und Schnee und Zug,
und Mäntel oder Mützen,
die wärmen nicht genug.

Denn Schnee von oben frachtet,
es kneift das Windgebiß,
mein Körper zittert, schmachtet,
ich friere und krieg Schiß.

Wovor soll ich mich ducken,
wenn ich alleine bin,
hätt' ich doch was zum Schlucken,
es gäb' der Kälte Sinn.

Niemand kann sie erklären,
die tunnelschwarze Angst,
warum sollst du dich wehren,
nichts da, um das du bangst.

Das wird die letzte Treppe,
die ich hinuntersteige,
mich nicht mehr weiterschleppe,
zum Kämpfen doch zu feige.

Auch dieser Brückenbogen
ist vollständig besetzt,
schnell hab' ich mich verzogen,
bevor mich jemand hetzt.

Doch findet meine Suche
dann plötzlich ihren Halt,
ein Platz wie aus dem Buche,
mir ist auch nicht mehr kalt.

Fast zähle ich die Sterne
im warmen Lampenschein
der kleinen Hauslaterne,
als wär' ich nicht allein.

Die harte Bordsteinkante,
die merke ich doch kaum,
ich treff' die gute Tante
aus meinem Kindertraum.

Es heißt in den Gazetten,
es könnte nicht passieren,
wenn wir geholfen hätten,
daß manche doch erfrieren.

(27. November 2004)

Weihnachtszeit

Was in dieser Weihnachtszeit
ist 's, das uns're Herzen rührt
und der Liebe Flügel leiht,
doch ins tiefste Ego führt?

Ist 's die Mär vom Jesuskind
und vom Freibrief, abzuladen,
was auch die Probleme sind
und der Glanz aus Gottes Gnaden?

Oder ist es, abzulenken
von der Tatsache an sich,
mit den Tannenbaumgeschenken,
daß es doch nur geht um mich?

(17. Dezember 1999)

Arme Wurst

Ein Junge
sitzt am Straßenrand,
die Zunge
an der Wurst verbrannt,

die er so
gierig beißt,
und mit "oh"
von sich schmeißt

aus dem Mund,
und gestreckt
gleich im Rund
Restfett leckt,

und sodann
ganz beherzt,
irgendwann,
wenn 's auch schmerzt,

das Wurststück
ins Mundloch
einfach drückt.
Also doch.

(1. Oktober 2006)

Kurze Scham

Der Gedanke,
der mir kam,
aus der Flanke
meiner Scham,

meiner Gier,
am Kaffeetisch,
wie ein Tier,
verführerisch,

hielt nicht lang
und brach entzwei,
als erklang:
Ich möchte drei.

(24. September 2006)

Suppenfurz

Armer, kleiner Suppenfurz,
du bist, wie sehr man immer zieht an dir,
für den kleinsten Schritt zu kurz,
was also soll das grade hinter mir.

(9. Juli 2004)

Der Nebenraum

Ein Haken an der weißen Wand
und auf dem Laken Mullverband.

(14. August 1998)

Inschrift

Er verstarb
in voller Blüte,
das verdarb
um Gottes Güte
uns doch nicht
den Lebensspaß,
Sonnenlicht
und Wein vom Faß.

(19. September 2003)

Yeti

Dereinst, da stapften große Füße
durch dieses unbestellte Land;
sie hinterließen tiefe Grüße
für jeden, der sie später fand.

(26. Februar 1999)

Dicht

Als ich noch ein Tropfen war
und die Zeit davor,
blieb mein Auge himmelklar
alles Übrige war Ohr.

(25. September 1998)

Schattenblick

Schatten ist das Licht der Ferne,
Licht die Nähe des Verfalls,
darum nähren sich die Sterne
von der Dunkelheit des Alls.

(24. Juni 1999)

Sieben Schatten

Sechs hatten sich verteilt im Wald,
sie wollten sechsfach lauschen,
es knackt im Unterholz schon bald,
der Bäume Wipfel rauschen.

Ein jeder zählt die Atemzüge
des and'ren und Konturen
und müht, daß er sich nicht betrüge
im Eifer um die Spuren.

Ein Schatten wechselt schnell den Ort;
ob es wohl alle seh'n?
Mal ist er hier, dann wieder dort,
unwirkliches Gescheh'n.

Und einer sagt es, unerschrocken:
"Wir sind nicht mehr alleine hier,
es will uns was ins Dunkle locken,
bestimmt ist es kein scheues Tier."

Denn ein jeder zählt jetzt sieben;
und bis alle Klarheit hatten,
ist nur einer nachgeblieben,
einer von den sieben Schatten.

(2. April 2006)

Aphorismen

Es war einmal ... Heitere Verse
Von und mit H. Bart

Es war einmal 'ne Leseratte,
die wollt' beim Lesen gehen,
und was sie dann gelesen hatte,
auch schnell und leicht verstehen.

Es war einmal ein Nadelstich,
der hatte sich verlaufen
im Wasser, und er wehrte sich,
doch mußte er ersaufen.

Es war einmal ein Kletterfuß,
der konnte niemals ruhen,
bis es ihn fesselte zum Schluß
in Fellen und in Schuhen.

Es war einmal ein faules Ei,
das wollte einfach sterben,
es flog an meinem Kopf vorbei,
den nächsten zu verderben.

Es war einmal ein Muckefuck,
der ließ sich gern verspritzen,
so traf es einen Teil vom Stuck,
und er bleib darauf sitzen.

Es war einmal ein Krähenfuß,
der konnte nicht verstehen,
warum macht' er grad dem Verdruß,
dem 's schwerfällt, ihn zu sehen.

Es war einmal ein starker Mann,
der wäre gern verschwunden,
doch wußt' er nicht, wohin er kann,
der Feind hätt' ihn gefunden.

Es war einmal ein Dackel,
der wollte eine rauchen,
ganz schnell war er 'ne Fackel
und nicht mehr zu gebrauchen.

Es war einmal ein Pfefferstreuer,
der mußte plötzlich husten,
so wurde er zum Ungeheuer
und nieselte zum Prusten.

Es war einmal ein Sauerkraut,
das hatte sich verlaufen
und wurd' von einer Kuh verdaut,
nun hat ihr Darm wohl Schlaufen.

Es war einmal ein Fegefeuer,
das sprach: "Für ewig doch, ich hoff'",
doch weit gefehlt, denn sie war neuer,
die Bombenkraft aus Wasserstoff.

Es war einmal ein Taschentuch,
das wurde zu gesellig,
das merkt' die Waschmaschine, huch,
das Taschentuch war fällig.

Es war einmal ein Panzerschrank,
der wirkte sehr verdrossen,
man könnte sagen, er war krank,
man hat ihn nie verschlossen.

Es war einmal 'ne Kissenschlacht,
die fand ihr jähes Ende,
weil erst das Bett zusammenkracht'
und dann auch Haus und Wände.

Es war einmal ein kleiner Dieb,
der wollte nicht mehr stehlen,
was nur ein frommer Vorsatz blieb,
es würde ihm was fehlen.

Es war einmal ein Sonnenstrahl,
der wurde aufgehalten
und dann von dem Laternenpfahl
in mehr als zehn gespalten.

Es war einmal ein Tannenbaum,
der wollte Weihnachtsabend nicht
als dekorierter Kugelclown
wie blöd' dasteh'n im Kerzenlicht.

Es war einmal ein Streifenhorn,
das hatte an der Nase
ein doppelt großes Gerstenkorn
und hoppelt' wie ein Hase.

Es war einmal ein kleiner Furz,
der war zu schnell entwichen,
denn wäre er nicht viel zu kurz,
wär' er schon eh'r geschlichen.

Es war einmal ein Zitteraal,
der suchte nachts ins Weite,
so blieb ihm dann auch nur die Wahl
zu leuchten von der Seite.

Es war einmal ein großer Zinken,
der leuchtete im Sonnenschein,
und in der Nacht, da konnt' er blinken,
das kam vom vielen guten Wein.

Es war einmal ein Wasserball,
der sprang auf eine Scherbe,
der große Überraschungsknall,
der war dann auch recht derbe.

Es war einmal ein kleiner Mops,
der saß auf Tantchens Schoße,
es war zum Mittagstisch ein Hops
und er ein Mops mit Soße.

Es war einmal ein kleiner Mann,
der kraxelte auf eine Leiter,
doch an den Hut kam er nicht ran,
der Hut, der klettert' einfach weiter.

Es war einmal ein Apfelstrudel,
der fiel dem Bäcker runter
und machte einen Straßenpudel
so richtig satt und munter.

Es war einmal ein Dosenbier,
um das sich viele keilten,
am Ende jedoch waren 's vier,
die es sich dann auch teilten.

Es war einmal ein Gänserich,
der galt als schönster in der Welt,
doch ärgert' er sich fürchterlich,
weil seine Gans nichts von ihm hält.

Es war einmal ein Zuckerbrot,
das blieb zu lange liegen,
die Mägen hatten ihre Not,
den Appetit die Fliegen.

Es war einmal ein Hühnerdieb,
dem das geschah, was nicht sein sollte,
der hatte eine Henne lieb,
die er anfangs nur stehlen wollte.

Es war einmal ein Blatt Papier,
das wünschte sich ein Prosakleid,
doch tat ihm bald nach dem Geschmier
schon jeder Zentimeter leid.

Es war einmal der Ritter Pflicht,
die bösen Drachen zu besiegen,
nur gab es solche Drachen nicht,
und keine Echse konnte fliegen.

Es war einmal ein Haus mit Garten,
die wurden ständig überseh'n,
und wenn sie nicht noch heute warten,
wird dort nur noch ihr Schatten steh'n.

(16. November bis 16. Dezember 2004)

Frieden

Frieden, lieber Frieden,
so ein leichtes, kleines Wort,
von der Welt verschieden,
ohne Platz und ohne Ort.

(31. März 1999)

Eisen

Denn aus dunklem Erzgestein
ist die Macht beschaffen,
Stahl und Eisen ganz allein
sind Geburtsstoff für die Waffen,

die als Werkzeug für das Morden
Zahn und Klauen gut ersetzen,
Mörder einzeln und als Horden
unterstützen beim Verletzen.

Hat seit jenem großen Knall
etwas mehr gesorgt für Schmerzen,
als der Schmiede Sündenfall
Fortschritt schuf aus Eisenerzen?

Fortschritt, Technik, Industrie
haben Schweiß und Blut verbraucht,
schufen Menschenfreiheit nie,
sie wurd' als Produkt verraucht.

Es kommt, wie es kommen mußte,
Rückkehr, die ist nicht mehr drin,
viel zu hart die Eisenkruste
und zu groß der Marktgewinn.

(5. November 1998)

Wehmut

War da ein Hauch von Wehmut
im regennassen Tritt?
Es platzt und prasselt Sintflut,
selbst im gebremsten Schritt.

Ich würde gerne glauben,
daß Kleidung Wasser zieht
und, angefüllt wie Trauben,
den hindern kann, der flieht.

Doch treibt das eher mächtig
den Widersinn ins Blut,
das Wasser rinnt bedächtig
und kühlt sie nicht, die Wut.

Noch kurz bevor ich zitter'
und schüttel, daß es spritzt,
schreckt mich bald das Gewitter
und daß es kracht und blitzt.

Kein Obdach, kein Entrinnen,
verharre ich und steh',
als müßt' ich mich besinnen,
wie ich entkomm' und geh'.

Die Wehmut hat mich wieder
und jeder Schutz wird hohl
und Regen prasselt nieder,
ich fühl' mich plötzlich wohl.

(10. Mai 2009)

Wie

Wie solltest du ihn kennen,
den Fisch, der sprechen kann,
wo Regenwolken brennen
im Himmelsstuhlgespann?

Wie solltest du es wissen,
daß manches Blatt vom Baume
des Nachts auf deinem Kissen
verkehrt mit dir im Traume?

Wie solltest du es ahnen,
daß tonnenschwere Zwerge
ein großes Treffen planen
im Felsgestein der Berge?

Wie sollest du vermuten,
daß manches kleine Element
die Kraft verleiht zum Guten,
weil es dein Herz wie seines kennt?

Wie solltest du bestimmen,
in einer Welt wie dieser,
vom Schlechten bis zum Schlimmen,
sie wird auch so schon fieser?

Wen könntest du erheben
auf welchen Thron zurück,
um 's richtig zu erleben,
das fassungslose Glück?

Wie, bei den vielen Fragen,
stellst du den Anschluß her
und müßtest nicht versagen,
selbst wenn es möglich wär'?

Wie kommt dir der Gedanke,
es müßte anders sein,
gleich einer Weinblattranke
im warmen Sonnenschein?

Ein Blick genügt nach oben
ans blaue Himmelsdach,
wo starke Winde toben,
in Bodennähe schwach.

So laß' die Winde Winde sein,
die dich bislang zerrissen,
und finde dich am Boden ein,
wie solltest du 's sonst wissen?

(5. November 2006)

Du

In dem ganzen Universum
bist du der finster-tiefste Riß,
das Weltall bricht sich an dir krumm
und Tiergeborenes hat Schiß.

Den großen Schmerz, das schlimme Weh
erstickt auch nicht der letzte Schrei,
kommt Lebendes in deine Näh',
dein Fang verschlingt es nebenbei.

Du Menschenantlitzangebot
für Liebe und für Freundesglück,
du Anbeginn der höchsten Not,
laß mich an meinem Platz zurück.

(7. August 2009)

Ich will starten

Bleibt zu Haus, bis Ihr erfriert,
ich geh' raus und werd' nicht warten,
bis die Welt die Luft verliert,
ich will starten, ich will starten.

Habt's bequem, legt Euch zurück,
mich kann nichts mehr halten,
freßt Euch fett am Wohlstandsglück,
ich geh' weg vom Alten.

Weil es eng ist, weil es stinkt,
weil mir so niemals gelingt,
was ich schaffen will und kann,
darum ist mein Abgang dran.

Refrain:
Ich halt 's nicht aus, ich will nicht warten,
ich will starten, ich will starten.

Und ich weiß auch schon, wohin,
ganz bestimmt nicht zum Roboten,
dort, wo ich bei Freunden bin,
die nicht nach der Uhrzeit trotten.

Wo die Sorge um das Meine
ganz genau dieselbe ist
wie das Ringen um das Deine
und nicht jeder jeden frißt.

Refrain:
Ich halt 's nicht aus, ich will nicht warten,
ich will starten, ich will starten.

Niemand muß noch etwas schenken,
weil ein jeder alles hat,
und der Kopf ist frei zum Denken,
Leib und Seele, die sind satt.

Gibt 's von oben einen Dämpfer,
weil der Neid Gefahren wittert,
dann werd' ich zum Freiheitskämpfer,
bis von denen jeder zittert.

Refrain:
Ich halt 's nicht aus, ich will nicht warten,
ich will starten, ich will starten.

Dieses Lied und dieser Reim
möchte eigentlich nur sagen,
ich geh' fort, denn ich will heim
und es alles selber wagen.

Refrain:
Ich halt 's nicht aus, ich will nicht warten,
ich will starten, ich will starten.

(im Juli 2004)

Wunschgedichte

Rotmütz'

Mit seinen tausend Füßen
lief 's kleine Volk einst fort
doch so als müßt' er büßen,
blieb einer noch vor Ort.

Das kleine Volk war mächtig
und half, wo es nur ging,
den Menschen ging es prächtig,
bis sich ihr Stolz verfing.

Der eine, der verblieben
und furchtbar traurig war,
erdachte sich die sieben
zu einer Zwergenschar.

Als Märchen und als Sage
war er sehr gut geschützt
und hat dann ohne Frage
der Menschheit fortgenützt.

Die konnten nicht auf Dauer
mit seiner Weisheit leben,
gebärdeten sich schlauer,
nach Höherem zu streben.

So gingen sie verloren,
die Sagen und die Lieder,
die Zukunft ward geboren
und ließ sich langsam nieder.

Wir wissen das wohl heute,
als topmodern und aufgeklärt
kennt niemand kleine Leute,
die er noch schätzen kann und ehrt.

Die Wissenschaft herrscht richtig
aus menschlichem Verstande,
doch Wissen selbst wird nichtig
und gilt nicht mal am Rande.

In Regalen und Gesetzen
läßt sich doch kein Leben erben,
beim Beschleunigen und Hetzen
läßt 's sich aber besser sterben.

Der Fortschritt, er wird schneller
und schaufelt sich sein Grab,
das Feuer frißt sich heller,
doch drumrum dunkelt 's ab.

Das Werk und Mensch zusammen
sind dann auch bald verbrannt,
mit ihren eig'nen Flammen
ins Nirgendwo verbannt.

Und wenn die letzte Stütze
in sich zusammenfällt,
schleicht sich mit roter Mütze
das Männchen aus der Welt.

(9. Oktober 2004)

Der Feenberg

's bleibt ein kalter Hauch zurück,
wenn die Wirklichkeit zerschellt
und zurückkehrt, Stück für Stück,
wie es der Vernunft gefällt.

Wie hätte ich es wissen sollen,
daß ein Mensch in tiefer Trauer
der freien Wildbahn und den Trollen
ganz gewiß erliegt auf Dauer.

Man sagt auch hierzulande Feen,
als die Herrscher wilder Reiche
in tiefen Wäldern, Berg und Seen
lauern auf für böse Streiche.

Ich mein', nach dem, was ich jetzt weiß,
bleibt doch die Wahrheit unverstanden
und unbegriffen auch der Preis;
in Anbetracht, was Nachbarn fanden,
das mindestens erkennen läßt,
nach Wochen der Verlorenheit,
als jenes Häuflein Menschenrest
die Übrigbleibsel langer Zeit.

Wie sollte irgendwer begreifen,
was ich erlitt auf jener Reise,
als ich begann umherzustreifen
und störte sie, die alten Kreise.

Als Ausflug war es nur gedacht,
und es stand nicht auf dem Programm,
lang fortzubleiben in der Nacht,
die Jahreszeit war feucht und klamm.

Nach Tagen wuchsen erst die Sorgen
bei meinen Nachbarn und Bekannten;
mir aber blieb der Schmerz verborgen,
weil, was die Feen ihr Leben nannten,
das kennt der Mensch nur aus den Mythen
als Feenball und Fest der Trolle,
wenn sie nicht g'rad am Menschen wüten,
ihn zu entzwei'n von seiner Scholle.

Das Gegenteil hab' ich entdeckt,
nachdem ich erst gerettet war,
zum Freisein hat mich voll erweckt
der Tanz in einer Feenschar.

Doch dem menschlichen Verstand
schein'n die Feen bös' und häßlich,
ihm gilt nur der Tellerrand
und was drin liegt als verläßlich.

Mächtig, aber plump wär'n Wesen,
die nicht Burg noch Haus bewohnen
oder nur in Kräutern lesen
und nicht Bücher, die sich lohnen.

Eh'r verschlagen und nicht ehrlich,
urteilt so der Menschengeist,
seien Troll und Fee gefährlich,
ohne Gottesfurcht und dreist.

Ich dagegen halt 's für Neid,
wenn der Nachbar Trost gewährt
gegen jenes üble Leid,
als der Feenfluch erklärt.

Jedes Menschenherz wär' dann
depressiv und hochverwirrt,
so daß es nicht einseh'n kann,
wie es leidet und sich irrt.

Geist und Körper aufzurichten
und die Seele balsamieren,
sie der Wirklichkeit verpflichten
und nicht an den Tod verlieren,
man wird mir zu helfen wissen,
hört' ich auf, es zu verweigern,
einmal aus dem Bann gerissen,
mich nicht wieder reinzusteigern.

Wie könnt' ich denn da erklären,
daß das Elend nur beginnt,
mich schlußendlich aufzuzehren,
weil ich nicht nach Hause find'.

(26. Januar 2001)

Die grüne Haube

Ein brauner Bär,
ein weißer Fisch
und eine rote Taube,
die fragen, wer
der gelbe Tisch
sei mit der blauen Schraube.

"Es ist ein Tisch
und nicht ein Wer
mit einer blauen Schraube",
sag' ich zum Fisch
und zu dem Bär
und zu der roten Taube.

Der Bär fragt: "So?"
Der Fisch, er lacht.
Es gurrt die rote Taube.
Und ich bin froh
und lupfe sacht
vom Kopf die grüne Haube.

(16. Februar 2008)

Der Riß

Der Riß in der Rinde,
der Riß im Karton,
der Riß am Gewinde,
der Riß im Beton.

Das Stückchen dazwischen,
nach dem ich mich bücke,
den Halt zu erwischen
als schwindende Brücke.

Der Aufprall am Ende,
der alles zerstört,
das Klatschen der Hände,
das jedermann hört.

Das Echo im Raume
nach gellendem Pfiff,
der Schrecken im Traume,
der zwecklose Griff.

Sie finden gemeinsam
den Eingang zur Welt,
wo Gott Atlas einsam
die Sturzwache hält.

Der ohne zu wissen,
was er da bewegt,
in zahllosen Rissen
die Zukunft zerlegt,

der sich im Gefüge
der Fristen einfindet
und Wahrheit und Lüge
zu Wirklichkeit bindet,

um doch nicht zu halten,
denn das ist gewiß,
der Herrscher der Spalten
bleibt endlich der Riß.

(22. August 2005)

Heimat

Denn ich mach' mir einen Reim
auf die Heimat und ihr Wesen,
oft verwechselt mit dem Heim,
Küche, Lager, Tisch und Besen.

Ist sie nur ein Lagerfeuer
oder Menschen, die man kennt,
die Behausung als Gemäuer,
ein Gefühl, wie man es nennt,
Boden, Blut und Trennungsschmerzen,
keine Seele zieht es fort,
and're meinen eher, Herzen
sei'n die Heimat und kein Ort.

Als Nomade muß ich wissen,
wärmt es mich und bin ich satt,
eine Heimat wie ein Kissen
gibt es nicht, sie findet statt.

(2. November 1999)

Letzte Pflicht

Fahles Licht des Mondes greift in die Tüllgardine,
auf der Straße kein Verkehr, aus dem Schlaf zu wecken,
Obstgeruch, ein wenig schwer, lastet in den Ecken,
in der kleinen Schale reift eine Apfelsine.

Wie lang hat der Mensch gebraucht, Reichtum zu erwerben,
wieviel Freunde hatte er in dem ganzen Leben,
wieviel Nähe schenkt ihm wer, allen zu vergeben
dafür, daß der Ofen raucht nur für seine Erben.

Viele Fragen, wenig Zeit,
nichts zu sagen, was befreit,
Schatten wachsen wie das Zimmer,

die Familie wartet doch
vor der Tür am Schlüsselloch
auf den ersten Zwielichtschimmer.

(26. März 2002)

Mjöllnir

Vom Irrtum empfangen,
zum Tode geboren,
enthüllt sich Verlangen
und gibt sich verloren.

Das Hoffen und Sehnen,
das Streben nach mehr
sucht Halt, sich zu lehnen
und setzt sich zur Wehr.

Im Kreise gebunden
veröden die Triebe
und zahlen die Runden
mit schwindender Liebe.

Und was wir vergessen,
behalten wir doch,
wieviel wir auch fressen,
es bleibt uns ein Loch.

Wir wissen vom Sterben
so viel wie vom Leben,
versuchen aus Scherben
Gefäße zu kleben.

Die keineswegs halten,
was wir uns versprechen,
und ob der Gewalten
schon bald wieder brechen.

Und finden wir Frieden
in unseren Grenzen,
sind wir nur entschieden,
im Dunkeln zu glänzen.

Soll'n sich denn die Wunden,
wie wir es auch wenden,
in zahllosen Stunden
mit Schmerzen verschwenden?

Hilft dazu die Weise,
nur immer zu fragen,
die uralte Reise
trotzdem zu ertragen?

Das wär' die Verschwendung
in vollem Gebrauch
und Schein der Vollendung
wie Feuer und Rauch.

Wenn nun nichts mehr bliebe,
bekannt und vertraut,
dann erst wird in Liebe
nach Waffen geschaut.

Geschmiedet in Feuer
wie niemals zuvor,
viel stärker und treuer
als Mjöllnir von Thor.

Dann ist es soweit,
daß grad diese Waffen,
als Werkzeug befreit,
die Freundschaft erschaffen.

(30. März 2001)

Das Puck-Gebet

Wirf die Sterne in die Wolken,
laß' es schneien in der Nacht,
dann hast du das Licht gemolken,
das das Weltall sichtbar macht.

Schwing' dich in die höchsten Wipfel
mit der Sprung- und Kletterkunst,
setz' dich auf des Baumes Gipfel
für ein Nebelbad im Dunst.

Grüß' den Morgen vor der Sonne,
lang' bevor die Welt erwacht,
find' dich ein zur Elfenwonne,
die dir düst're Freude macht.

Wenn der Tag die Schatten bricht,
die dir Schutz und Heimat sind,
schließ' die Augen vor dem Licht,
und schlaf' wie des Nachts das Kind.

Träume von dem nächsten Mond,
der dich weckt und neu belebt,
dessen Schein dich schirmt und schont
und dir Prachtgewänder webt.

Sorge nur in deinem Traum,
auch wenn es dir lästig ist,
für den dunklen Lebensraum,
den der Mensch so gern vergißt.

(20. November 2000)

Der Schritt

Wagst Du den Schritt
ins Abseits des Denkens
bis an den Schnitt
des fühlbaren Lenkens;
dorthin, wo dir
nichts folgen kann
außer dem Tier
"Schmerz" irgendwann,
das, noch bevor
es dich erreicht,
von Fuß bis Ohr
den Platz erschleicht,
der ihm erlaubt,
sich zu entfalten
und, was es raubt,
auch zu behalten.

Es sei, dein Schritt
wäre der zweite,
der sich vom Tritt
bereits befreite
und ohne Weh,
Zögern und Not,
sanft wie der Schnee,
kalt, doch nicht tot,

fester als Stein
vakuumleicht,
nicht mehr allein
alles erreicht.

(22. Februar 2007)

Danach

Wie stell' ich es mir vor,
das Scheiden und Entschwinden,
mit einem Engelschor,
auf sanften Himmelswinden,
mit einem Aufschrei voller Pein,
stürz' ich in eine schwarze Tiefe
in rasend blindem Widerschein,
als ob mich Satan selber riefe?

Oder fallen nur die Tücher,
die das wahre Sein verschleiern,
wie es manche Totenbücher
oder Rituale leiern,
und der Abtanz meiner Seele
wird zum Ort für das Gericht,
der, wie ich mich immer quäle,
nur der Weg sein soll zum Licht?

Oder kommt nach hartem Leben
endlich die verdiente Ruhe,
Zeit, die Sorgen abzugeben
wie verbrauchte, alte Schuhe?

Führt das Schicksal doch zuletzt
ganz direkt ins große Nichts
und entledigt, abgehetzt,
sich des Lebens Fleischgewichts?

Wie auch immer, Baby schreit,
wenn 's den ersten Atem tankt,
und es findet nicht die Zeit,
daß es sich auch noch bedankt
für die schwere Lebensnot,
die es noch erforschen muß,
denn, geboren oder tot,
stets gibt 's ein Danach zum Schluß.

(21. November 2005)

Grüner Schimmer

Blick' ich über Wiesengras
an den Horizont,
sehe oder merk' ich was
wie die Zwischenfront.

Deutlich klarer wird es dann,
wenn ich in die Bäume schau
und den Himmel sehen kann,
wie er schwimmt in seinem Blau.
Aber an den Wipfelgrenzen,
wo in einem grünen Schimmer
fade Übergänge glänzen
wie das Glas in einem Zimmer,
liegt grad' wie ein Nebelfaden
jenes grüne Leuchten auf,
um die Augen einzuladen
zu dem Sprung im Weltenlauf,
die sich ohne Zeit und Enden
mit den körperlichen Resten
überall, wo 's grün ist, fänden
staunend unter vielen Gästen,
feiern und das Wissen teilen,
das dem Menschensinne fehlt,
und mit ihnen zu verweilen,
bis das Heimweh wieder quält.

Die Geburt im Regenbogen
ist, was sie noch fortan wissen,
aus dem Feenreich gezogen,
das sie danach nur vermissen,

dem Vergessen übergeben
sehen sie jedoch für immer
wie und wo sie dann auch leben,
überall den grünen Schimmer.

(18. September 2004)

Alter Zorn

Wage es, dich zu erheben
aus dem Dunkel deiner Nacht,
nicht einmal das größte Beben
löst, was dich so hilflos macht.

Frauenbart und Katzenlärm,
Felsenwurzel, Bärensehnen,
Atem aus dem Fischgedärm,
Vogelspeichels Schnabelgähnen

sind die Glieder einer Kette,
die dereinst den Fenris band,
der sie gern zerrissen hätte,
doch bekam er nur die Hand
jenes Freundes und Verräters,
der auch als verschlagen galt,
und das Fesselband des Täters
wurde mit dem Fenris alt.

Unter Menschen war es dann
eher üblicher als selten,
daß oft der Verrat gewann
bei dem Streit um Ruhm und Welten.

Und so setzt sich hier wie dort
Hinterhalt und Lauersinn
als soziales Erbteil fort,
gut belohnt mit Zugewinn.

Freundschaft und Versprechen,
Ehrlichkeit, Gewissensmut,
Bündnisse, die brechen,
Sympathie und Liebesglut,
das sind die modernen Worte
für das böse Schwarzalbband,
ausgespien durch Asgards Pforte,
damit es die Menschheit fand.

Denn doch nur aus freien Stücken
kann ein Schwur verläßlich sein
und den Abgrund überbrücken,
der aus Lug und Trug und Schein
bis an den vertrauten Rand
immer noch das Pfand beschützt,
nämlich jenes Gottes Hand,
die nur den Verrätern nützt.

Wagst du also, frei und wild
mit dem Urverrat zu ringen,
dann zerschlag den Spiegelschild,
um den Irrtum zu bezwingen.

(17. März 2003)

Afrika irgendwo

Es waren seine Augen,
gerichtet auf die Leere,
die zum Kontakt nicht taugen,
selbst wenn da jemand wäre,

ein Schatten aus dem Dunkel,
ein Lumpentuch mit Haut,
ein knochiger Furunkel,
der sich fast selbst verdaut,

vom Elend noch ein wenig,
denn es ist bald vorbei,
verhungert, mager, sehnig,
von allen Wünschen frei.

Da saß es nun vergessen
an einer Häuserwand,
hat' nicht nur nicht zu essen,
es fehlt' ihm auch die Hand

zu stützen und zu führen,
wie es die Kleinsten brauchen,
und Lebenslust zu schüren,
in Phantasie zu tauchen,

ein bißchen nur von dem,
was jeder von uns kennt,
befreit von Schmutz und Lehm
und von dem Schmerz, der brennt.

Ich greife nach dem Etwas,
dem Kind, zwei Jahre alt,
das zuckt, weil ich es anfaß,
als tät ich ihm Gewalt.

Auch aus dem Spendentöpfchen
der kleine Teddybär
erregt nicht mal sein Köpfchen,
es ist ihm schon zu schwer.

Ich wollt' dem Kinde sagen,
ich sei für Mama da,
um es nach Haus zu tragen,
als ich es endlich sah,

wie sich die Augen drehen,
verweigern sich dem Brot,
und geben zu verstehen,
die Mama ist schon tot.

(17. Oktober 2003)

Hunger

Der Advent steht am Beginn
uns'rer Weihnachtszeit.
Zuhör'n fügt sich diesem Sinn,
und Geschichten sind bereit.

Kein Rahmen wäre besser
als Winter, Eis und Schnee
für Lieder bis aufs Messer -
und von der guten Fee.

Er stand draußen vor der Tür;
drin'n war 's warm im Kerzenschein,
Not schuf sicher sein Gespür,
das trieb ihn ins Haus hinein.

Hätte er doch nur geahnt,
welche Bosheit es noch gibt,
und gleich besser eingeplant,
daß kein Mensch den ander'n liebt.

Kälte schob sich tief von drinnen
an der Rückenhaut entlang;
Bettler und auch Bettlerinnen
haben schnell zur Flucht den Drang.

War dann doch nicht schnell genug,
der Instinkt hat nicht gereicht;
späte Einsicht ist nicht klug,
wenn der Blick dem Tode weicht.

Da reiben sich die Reichen
die Hände und den Bauch
und sprechen zu den Leichen:
"Seht, Hunger hab'n wir auch."

(Dezember 1995)

Über den Autor

Helmut Barthel, geboren 1951 in Hamburg, schreibt seit seinem achten Lebensjahr. Sein beeindruckendes Werk umfaßt heute weitmehr als 1000 Gedichte und zwei Serien von über 100 Kurzerzählungen über bedeutende Religionsstifter und Philosophen von der Antike bis in die Gegenwart. 2015 erschien der erste Teil seines Romans "Zauber kalt", dem zwei weitere folgen sollen. Die beiden Bände "Dichterstube, Kehricht Band 1 und 2" enthalten alle weiteren Gedichte verschiedenster Formate und Aphorismen, die in den fünf Büchern "Lyrik-Lesung" noch nicht veröffentlicht wurden. Verbliebenes vom Feinsten!

Helmut Barthel arbeitet als Verleger und Chefredakteur des Schattenblick und ist Verfasser nachhaltiger Fachartikel in den Bereichen Politik, Kultur, Philosophie und Sport. Seine Leidenschaft gilt der deutschen Sprache, besonders in verdichteter Gestalt.

Lyrik-Lesungen

Dichterstuben

Eine Auswahl

von Helmut Barthel

im Kulturcafé Komm du

Lyrik-Lesung 1
vom 29. Mai 2013
ISBN 978-3-925718-29-8

Lyrik-Lesung 2
vom 7. August 2013
ISBN 978-3-925718-30-4

Lyrik-Lesung 3
vom 30. Oktober 2013
ISBN 978-3-925718-31-1

Lyrik-Lesung 4
vom 4. Dezember 2013
ISBN 978-3-925718-32-8

Lyrik-Lesung 5
vom 12. Februar 2014
ISBN 978-3-925718-33-5

www.fsc.org

MIX

Papier | Fördert
gute Waldnutzung

FSC® C083411

Zeitfracht Medien GmbH
Ferdinand-Jühlke-Straße 7
99095 Erfurt, Deutschland
produktsicherheit@kolibri360.de